GERMANIAE
Pour Jean de la part de Clara Juin 2015
Brabant
Cleue
Liege
Henegou
Luxembourg
Tirasche
Retelois
Lorraine
Champaigne
Westrich
Elsas
Bassigni
Schwitzerlant
La franche conte
Brece
Sauoye
Alpes montes
Piemont
Lombardie
Daulphine
Valentinois
Viennois
Dioys
Prouence
Venetia
PARS
RE MEDITERRANEUM
Colicg insulae pars
Antwerpen
Brugge
Straesburg
Basel
Worms
Mentz
Francfort
Lion
Grenoble
Auignon
Marseille
Trento
Verona
Ferrara
Genoua
Siena

LORÀNT DEUTSCH - Runberg - Ocaña

HISTOIRES DE FRANCE

XVIe siècle - François Ier et le Connétable de Bourbon

Michel Lafon
casterman

Merci à Georges Guette pour son livre «La Tour Octogone» aux Editions Planète, qui a éveillé en moi le désir d'en savoir plus sur le Connétable.

Lorànt Deutsch

D'après une idée originale de Lorànt Deutsch.

Directeur de collection : Jean-Philippe Salmon
Scénario : Lorànt Deutsch et Sylvain Runberg
Dessin : Eduardo Ocaña
Couleurs : Luca Merli
Lettrage : Fanny Hurtrel

www.casterman.com
www.michel-lafon.com

ISBN : 978-2-203-06022-7
N° d'édition : L.10EBBN001791.N001

Première édition - Novembre 2012
Achevé d'imprimer en octobre 2012 en france par Pollina - L23643. Dépôt légal : novembre 2012 ; D.2012/0053/473

24 FÉVRIER 1525.
BATAILLE DE PAVIE.
LA VICTOIRE EST À NOUS ! CONTINUEZ À LES HARCELER !
LA CAVALERIE DE LANNOY BAT EN RETRAITE !
IL FAUT SE REPLIER VERS LES BOIS OU BIEN ILS NOUS ÉCRASERONT !
1.

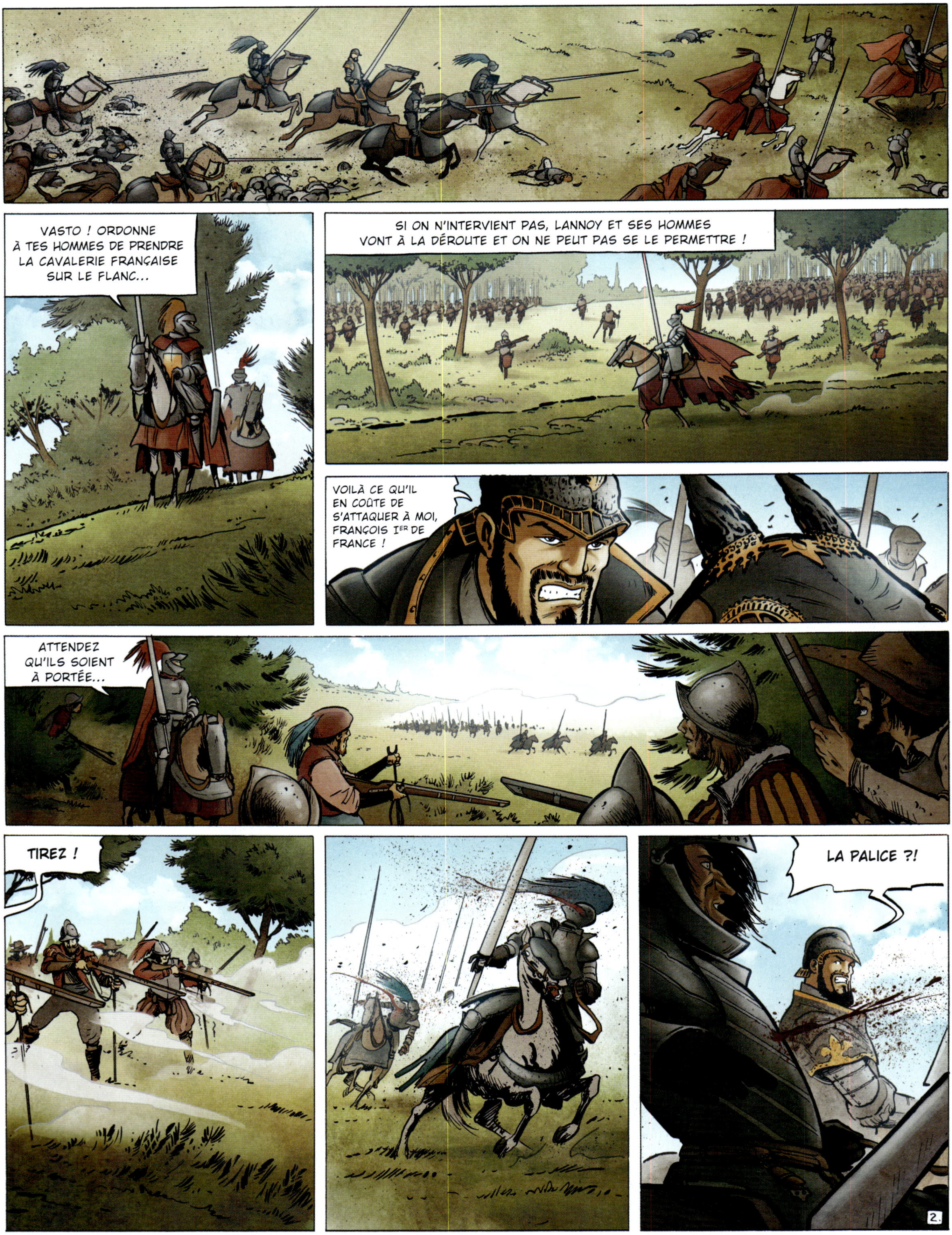
VASTO ! ORDONNE À TES HOMMES DE PRENDRE LA CAVALERIE FRANÇAISE SUR LE FLANC...
SI ON N'INTERVIENT PAS, LANNOY ET SES HOMMES VONT À LA DÉROUTE ET ON NE PEUT PAS SE LE PERMETTRE !
VOILÀ CE QU'IL EN COÛTE DE S'ATTAQUER À MOI, FRANÇOIS Ier DE FRANCE !
ATTENDEZ QU'ILS SOIENT À PORTÉE...
TIREZ !
LA PALICE ?!
2.

NON ?! BONNIVET ?!!
FONCEZ SUR L'ENNEMI ! IL NE FAUT PAS SE LAISSER ENCERCLER !
MON ROI, LES IMPÉRIAUX SONT EN TRAIN DE PRENDRE LE DESSUS !
IL FAUT QUITTER LE CHAMP DE BATAILLE ET VOUS RETIRER VERS LE NORD !
NOUS TENIONS CHARLES DE BOURBON ET SES ALLIÉS !
MAIS JE JURE DEVANT DIEU QUE CE N'EST QUE PARTIE REMISE !
SUIVEZ-MOI !
3.

LES IMPÉRIAUX ?!
ILS SURGISSENT DE PARTOUT !
PERSONNE NE ME FERA METTRE PIED À TERRE !
PERSONNE !
?!
AHHHH !

IL EST À NOUS !
NE VOUS APPROCHEZ PAS DE SA MAJESTÉ !
IL A BEAU ÊTRE NOTRE PRISONNIER, C'EST LE ROI DE FRANCE QUI GÎT DEVANT VOUS !
AIDEZ-LE À SE DÉGAGER DE SA MONTURE !
JE VAIS VEILLER À CE QUE VOUS SOYEZ SOIGNÉ ET TRAITÉ AVEC LES HONNEURS QUI VONT SONT DUS.
ET PUIS VOUS RENCONTREREZ CELUI QUI VA DÉCIDER DE VOTRE SORT...
CELUI QUI, IL Y A PEU, FUT LE CONNÉTABLE DE VOTRE ROYAUME...
5.

... CHARLES III DE BOURBON.
QUE VAS-TU FAIRE DE MOI ?
TRAÎTRE.
TRAÎTRE ? VRAIMENT ?
EST-CE AINSI QUE TU ME VOIS ? J'AI DU MAL À LE CROIRE...
MAIS J'OSE ESPÉRER QUE NOUS METTRONS À PROFIT LA NUIT QUI S'OUVRE DEVANT NOUS POUR EN DISCUTER PLUS AVANT, MON TRÈS CHER FRANÇOIS !
6.

EST-CE L'AMERTUME DE LA DÉFAITE QUI TE FAIT PARLER AINSI ?
CERTES, PLUS DE 10 000 HOMMES TUÉS ET FAITS PRISONNIERS, UNE CINQUANTAINE DES VOS CANONS QUI NOUS REVIENNENT...
LE ROI DE FRANCE QUI TOMBE ENTRE MES MAINS...
TOUT CELA À CAUSE DE LA MÉDIOCRITÉ DES CONSEILS DE CEUX QUI T'ENTOURENT...
CELA AURAIT DE QUOI LÉGITIMEMENT TE METTRE EN RAGE, MAIS EN RÉALITÉ, PEU M'IMPORTE !
CE QUE JE VEUX, C'EST QUE NOUS PUISSIONS ÉVOQUER DIGNEMENT NOTRE PASSÉ COMMUN...
ET À PARTIR DE LÀ, JE DÉCIDERAI QUOI FAIRE, AVEC RESPECT ET HONNEUR.
LE RESPECT ET L'HONNEUR, N'EST-CE PAS CE QUI AURAIT TOUJOURS DÛ GUIDER NOS DÉCISIONS ?
7.

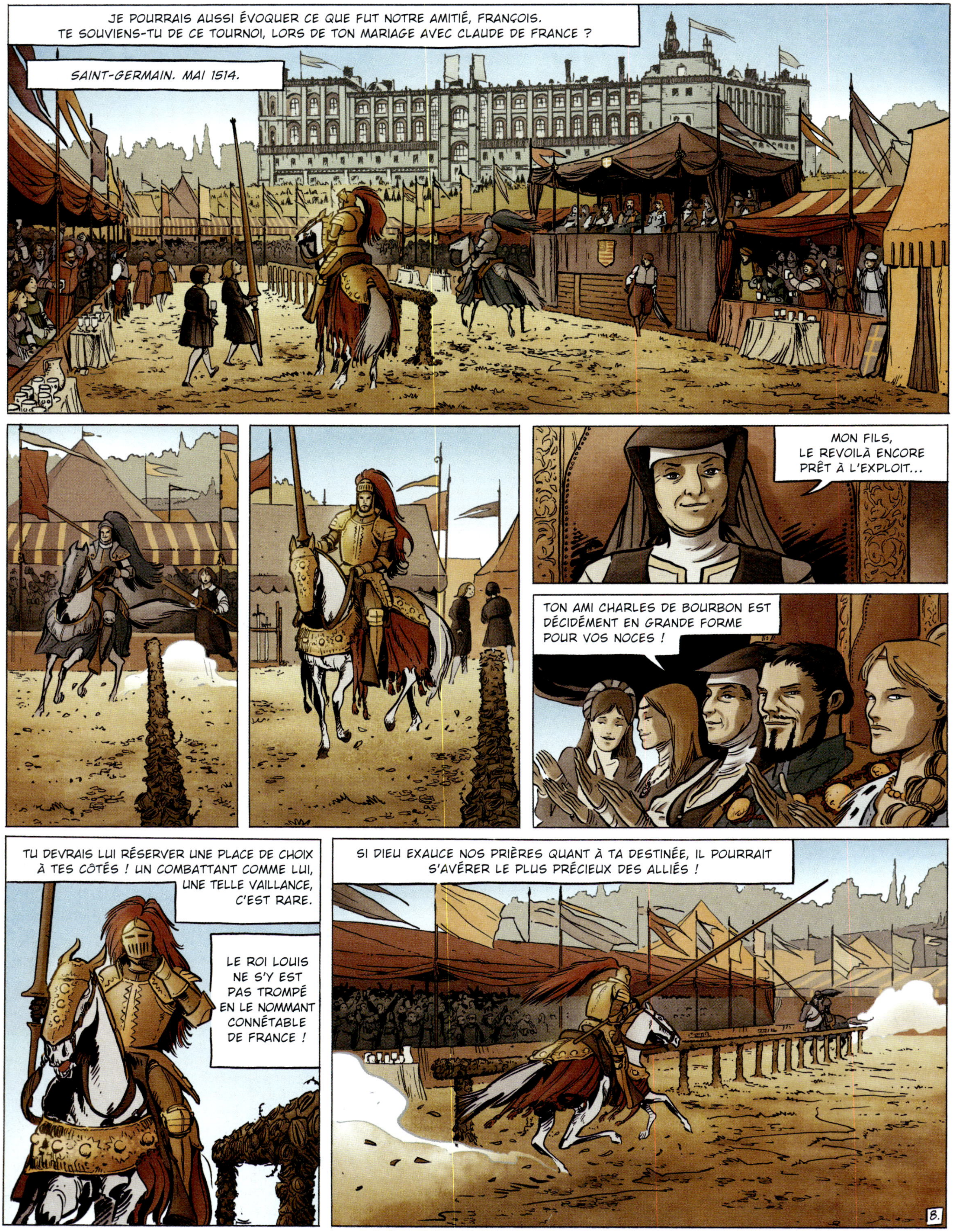

JE POURRAIS AUSSI ÉVOQUER CE QUE FUT NOTRE AMITIÉ, FRANÇOIS. TE SOUVIENS-TU DE CE TOURNOI, LORS DE TON MARIAGE AVEC CLAUDE DE FRANCE ?
SAINT-GERMAIN. MAI 1514.
MON FILS, LE REVOILÀ ENCORE PRÊT À L'EXPLOIT...
TON AMI CHARLES DE BOURBON EST DÉCIDÉMENT EN GRANDE FORME POUR VOS NOCES !
TU DEVRAIS LUI RÉSERVER UNE PLACE DE CHOIX À TES CÔTÉS ! UN COMBATTANT COMME LUI, UNE TELLE VAILLANCE, C'EST RARE.
LE ROI LOUIS NE S'Y EST PAS TROMPÉ EN LE NOMMANT CONNÉTABLE DE FRANCE !
SI DIEU EXAUCE NOS PRIÈRES QUANT À TA DESTINÉE, IL POURRAIT S'AVÉRER LE PLUS PRÉCIEUX DES ALLIÉS !
8.

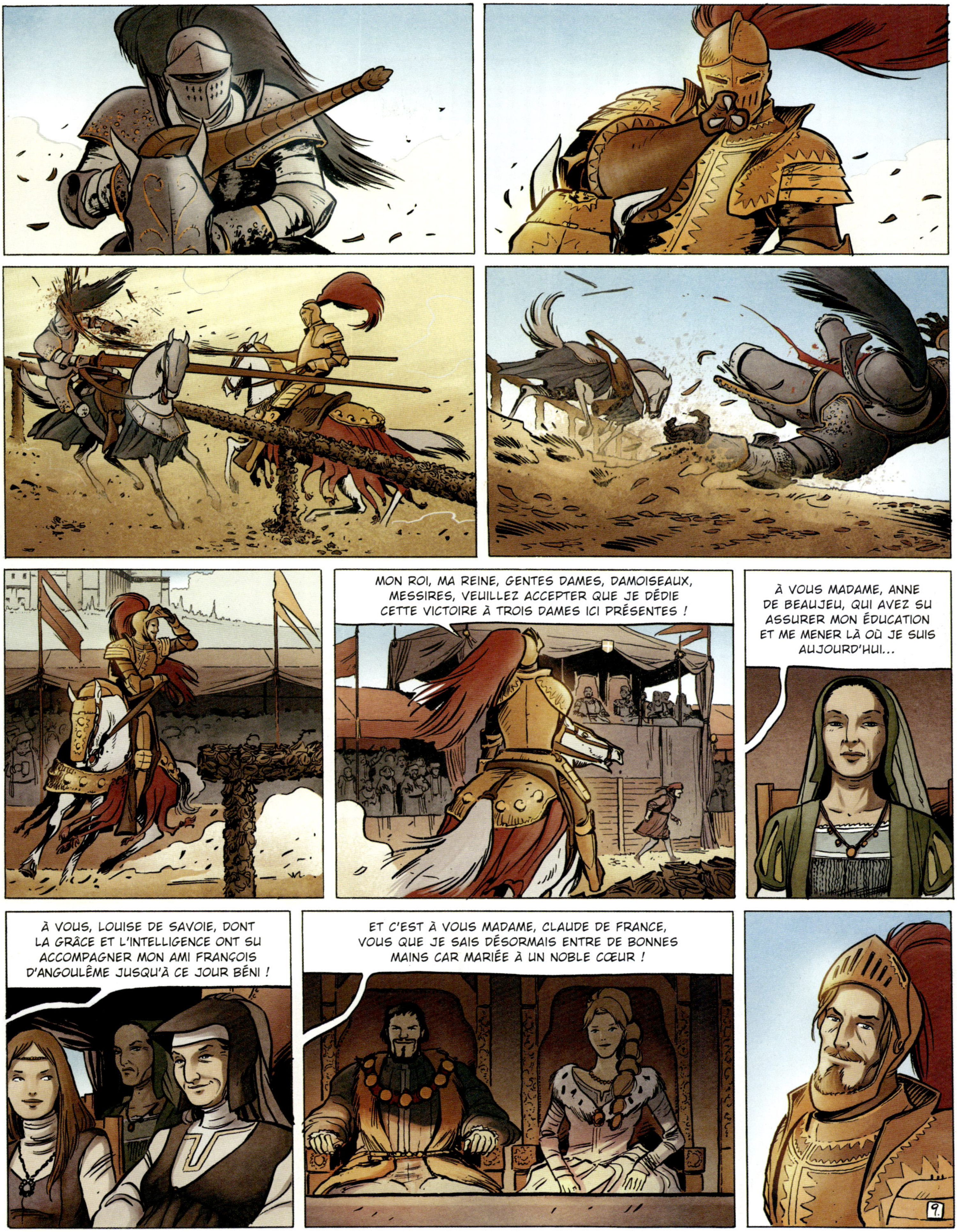
MON ROI, MA REINE, GENTES DAMES, DAMOISEAUX, MESSIRES, VEUILLEZ ACCEPTER QUE JE DÉDIE CETTE VICTOIRE À TROIS DAMES ICI PRÉSENTES !
À VOUS MADAME, ANNE DE BEAUJEU, QUI AVEZ SU ASSURER MON ÉDUCATION ET ME MENER LÀ OÙ JE SUIS AUJOURD'HUI...
À VOUS, LOUISE DE SAVOIE, DONT LA GRÂCE ET L'INTELLIGENCE ONT SU ACCOMPAGNER MON AMI FRANÇOIS D'ANGOULÊME JUSQU'À CE JOUR BÉNI !
ET C'EST À VOUS MADAME, CLAUDE DE FRANCE, VOUS QUE JE SAIS DÉSORMAIS ENTRE DE BONNES MAINS CAR MARIÉE À UN NOBLE CŒUR !
9.

QUE ME VAUT UN TEL SILENCE APRÈS L'ÉVOCATION DE CES SOUVENIRS ?
TU N'AIMES PAS QUE JE TE RAPPELLE NOTRE AMITIÉ PASSÉE ?
CETTE ÉPOQUE OÙ TA MÈRE ME REGARDAIT AVEC UNE BIENVEILLANCE TOUTE PARTICULIÈRE, AVANT DE SE METTRE EN TÊTE DE S'ACCAPARER DE BIEN VILAINE FAÇON TOUT CE QUI APPARTENAIT À MA FAMILLE ?!
MA MÈRE EST LA PETITE-FILLE DU DUC CHARLES Ier DE BOURBON, ET C'EST EN TANT QUE TEL QUE LE PARLEMENT DE PARIS LUI A RESTITUÉ SES BIENS ! IL NE S'AGIT LÀ QUE DE JUSTICE !
JUSTICE ? VRAIMENT ? TU OSES PRONONCER CE MOT DEVANT MOI ?!
LORSQUE LE ROI LOUIS XII ME NOMMA CONNÉTABLE, IL FIT MENTION DU SENS DE LA JUSTICE QUI SELON LUI ME CARACTÉRISAIT !
ET ÇA N'AVAIT RIEN À VOIR AVEC LE FAIT DE VOLER LE BIEN D'AUTRUI, NI DE TRAHIR CEUX QUI N'ONT EU DE CESSE DE DÉFENDRE L'HONNEUR DE LA CHARGE ROYALE...
10.

... COMME JE L'AI TOUJOURS FAIT !
BOURGOGNE. NOVEMBRE 1514.
SALE GARCE !
SI ON TE DIT QU'ON A FAIM, QUE TU VAS CUISINER POUR NOUS...
... ET SI ON TE DIT QU'ENSUITE ON SE SERVIRA DANS VOS RÉSERVES...
TU OBÉIS !!!
AHHHH !!!
LAISSEZ-LA !
UN PAS DE PLUS ET JE T'EMBROCHE !
TU VAS METTRE TA DONZELLE AUX FOURNEAUX !
PENDANT QU'ELLE NOUS CUISINERA CES BONS PLATS QUI NOUS REVIENNENT DE DROIT...
... NOUS NOUS SERVIRONS DANS VOS RÉSERVES ! LES SOLDATS DU ROI QUI VOUS PROTÈGENT DES SOUDARDS SUISSES VALENT BIEN ÇA !
J'EN DOUTE.
?!!
11

MON AVIS EST QUE VOUS VALEZ ENCORE MOINS QUE LES SUISSES QUE NOUS ESSAYONS D'EXTIRPER DE CES TERRES !
MESSIRE...
MESSIRE CHARLES DE BOURBON ?
LES SUISSES NOUS MÈNENT LA VIE DURE ET NOUS AVIONS FAIM, ALORS...
ALORS QUOI ?
AHHH ?!
SA MAJESTÉ LOUIS XII M'A MANDATÉ EN BOURGOGNE POUR Y FAIRE RÉGNER LA PAIX !
J'ATTENDS DE MES PROPRES HOMMES QU'ILS SE MONTRENT IRRÉPROCHABLES VIS-À-VIS DE CEUX QUE NOUS DEVONS PROTÉGER DE L'ENNEMI !
TES EXPLOITS CONTRE L'EMPEREUR MAXIMILIEN D'AUTRICHE ET SES ALLIÉS SUISSES...
TON SENS DE L'HONNEUR, DE LA JUSTICE ET DE LA LOYAUTÉ QUI ALLAIT POUSSER LOUIS XII À TE NOMMER SON ÉCU ET SON BOUCLIER...
12

CHARLES DE BOURBON...
LE NOUVEAU CONNÉTABLE DE FRANCE !
COMBIEN DE FOIS AI-JE DÛ ENTENDRE CETTE HISTOIRE ?!
BIEN TROP, VOILÀ QUI EST CERTAIN !
D'AUTANT PLUS QUE TON SENS DE LA LOYAUTÉ, JE NE SAIS PAS CE QU'IL EN EST VÉRITABLEMENT, CHARLES.
EN REVANCHE, TON GOÛT POUR LA BONNE CHÈRE RESTE TOUJOURS AUSSI FORT À CE QUE JE VOIS !
TU DEVRAIS POURTANT SAVOIR CE QU'IL EN EST, ROI DE FRANCE.
MARIGNAN.
CE NOM N'ÉVOQUE-T-IL RIEN POUR TOI EN TERMES DE LOYAUTÉ ?

13 SEPTEMBRE 1515. MARIGNAN. ITALIE.
LES SUISSES !!!
ILS ONT ENFONCÉ NOTRE PREMIÈRE LIGNE DE DÉFENSE !
IL NE FAUT PAS LES LAISSER ATTEINDRE NOS CANONS !
POUR LE ROI !
AVEC MOI !
CHARLES !!! ATTENTION !
?!!
FRANÇOIS ! VOILÀ LA PREUVE QU'AVOIR SON PROPRE FRÈRE À SES CÔTÉS DANS LA BATAILLE EST LE MEILLEUR DES ATOUTS !
ET JE N'EN ATTENDS PAS MOINS DE TOI !

MASSACRONS CES SUISSES ET PRENONS ENSUITE MILAN POUR L'OFFRIR À NOTRE ROI !
DIEU EST À NOS CÔTÉS POUR REMPORTER CE JUSTE COMBAT !
ILS S'APPROCHENT DE NOTRE ARTILLERIE ?!
NOUS DEVONS EMPÊCHER ÇA !
AU COMBAT !
LE MILANAIS NOUS REVIENT DE DROIT...
ET PERSONNE N'EMPÊCHERA JUSTICE DE SE FAIRE !
15.

SA MAJESTÉ LE ROI DE FRANCE VIENT LUI-MÊME DÉFONCER LES CARRÉS SUISSES !
NOUS ALLONS POUVOIR REPRENDRE LE DESSUS !
FRAPPONS ET FRAPPONS ENCORE, MON FRÈRE !
FRAPPONS JUSQU'À LA VICTOIRE DÉFINITIVE !
16.

NOUS DEVONS GARDER FOI EN NOTRE VICTOIRE !
LES TROUPES SUISSES NE SE SONT PAS RETIRÉES DANS MILAN ET C'EST TANT MIEUX !
C'EST DANS LES PLAINES DE MARIGNAN QUE NOUS FINIRONS PAR LES METTRE À GENOUX !
C'EST LUI ?
IL N'Y A AUCUN DOUTE...
IL S'AGIT DE VOTRE FRÈRE.
FRANÇOIS DE BOURBON.
17.

PROFITEZ DES QUELQUES HEURES QUI VOUS RESTENT POUR VOUS REPOSER, NOUS AURONS BESOIN DE TOUTES NOS FORCES POUR REMPORTER CE COMBAT...
CHEVALIER BAYARD...
COMMENT SE FAIT-IL QUE LE CONNÉTABLE NE NOUS AIT PAS ENCORE REJOINTS ?
PARDONNEZ-MOI MON RETARD.
MON FRÈRE A ÉTÉ TUÉ DANS LA BATAILLE.
JE VOULAIS RAMENER SON CORPS AVANT QU'IL NE POURRISSE PLUS ENCORE.
JE SUIS DÉSOLÉ, CHARLES...
TON FRÈRE ÉTAIT UN HOMME BON ET LOYAL.
MERCI, MAJESTÉ.
MAIS JE NE SUIS PAS LE SEUL À AVOIR PERDU QUELQU'UN DE PROCHE AUJOURD'HUI.
NOUS DEVONS RESTER CONCENTRÉS SUR LA BATAILLE QUI S'ANNONCE, ET JE M'Y TIENDRAI.
MAIS AU PRÉALABLE...
JE VOULAIS M'ASSURER QUE CE DONT NOUS AVIONS CONVENU AUPARAVANT ÉTAIT TOUJOURS D'ACTUALITÉ.
18

REPARTIR À L'ASSAUT DÈS LES PREMIÈRES LUEURS DU JOUR...
DÉPLACER NOTRE ARTILLERIE POUR QU'ELLE NE SOIT PLUS À PORTÉE DES SUISSES...
L'UTILISER DE FAÇON MASSIVE POUR APPUYER L'AVANCÉE DE NOS TROUPES...
ENGAGER LES COMBATS AU CORPS À CORPS...
ET ESPÉRER QUE L'APPEL LANCÉ À L'INFANTERIE VÉNITIENNE SOIT ENTENDU ET QU'ELLE VIENNE NOUS APPORTER L'ASSISTANCE NÉCESSAIRE.
DANS CES CONDITIONS, ET SI DIEU NOUS OFFRE SON SOUTIEN...
... SA MAJESTÉ REPARTIRA VICTORIEUSE DE MARIGNAN.
ET CEUX DE MILAN N'AURONT D'AUTRE CHOIX QUE DE S'EN REMETTRE À SON AUTORITÉ.
19

TU N'AS RIEN À RÉPONDRE À CELA, ROI DE FRANCE ?
MA FAMILLE A VERSÉ SON SANG POUR TOI, ET MOI, J'AI DÉPENSÉ SANS COMPTER POUR PARTICIPER À TOUTES LES CAMPAGNES QUI ONT FAIT TA GLOIRE !
TU N'AS DONC DE CESSE DE RECHERCHER LES RAISONS DE TES PROPRES MALHEURS CHEZ LES AUTRES ?
ET SI POUR UNE FOIS TU TROUVAIS EN TOI LE COURAGE ET LA LUCIDITÉ DE JAUGER CEUX-CI EN FONCTION DE TES ACTES, TES DÉCISIONS, TES DÉSIRS ?
JE SAIS QUE LE DESTIN NE T'A PAS ÉPARGNÉ CES DERNIÈRES ANNÉES. LES DÉCÈS SUCCESSIFS DE TES TROIS ENFANTS...
ET PUIS CELUI DE TON ÉPOUSE, SUZANNE. TOUS EMPORTÉS PAR LA MALADIE.
MAIS ENFIN, CHARLES...
... NE CROIS-TU PAS QUE TON GOÛT DU LUXE ET CETTE MANIE DE TOUJOURS VOULOIR EXHIBER TA PUISSANCE SOIENT LES VRAIES RAISONS DE LA SITUATION DANS LAQUELLE TU TE TROUVES AUJOURD'HUI ?
AUJOURD'HUI, TU ES MON PRISONNIER, FRANÇOIS ! ET IL EST AMUSANT QUE TU PUISSES ME TENIR UN TEL DISCOURS QUAND ON SAIT CE QUI S'EST PASSÉ AU CAMP DU DRAP D'OR.
ET LA RAISON POUR LAQUELLE TU AS RUINÉ TES CHANCES D'AVOIR LE ROI D'ANGLETERRE COMME ALLIÉ !
20.

À PROXIMITÉ DE CALAIS. CAMP DU DRAP D'OR. JUIN 1520.
C'EST DONC LÀ VOTRE PROPRE DESTRIER QUE VOUS M'OFFREZ ?!
VOTRE BONTÉ ET VOS BONNES MANIÈRES SONT HORS DU COMMUN, CONNÉTABLE.
VOTRE MAJESTÉ HENRI VIII MÉRITE BIEN CES QUELQUES ATTENTIONS...
MAIS VEUILLEZ M'EXCUSER, JE VAIS DANS MA TENTE ME PRÉPARER POUR LES PROCHAINES JOUTES...
ET TU NE MANQUERAS PAS D'Y BRILLER, COMME D'HABITUDE !
J'AI JUSTEMENT EU L'OCCASION DE VOIR LA TENTE DE VOTRE CONNÉTABLE DURANT MON SÉJOUR ICI.
VOILÀ UN HOMME QUI NE MANQUE NI DE RICHESSES NI D'ENVERGURE, ET CROYEZ-MOI...
... SI J'AVAIS UN PAREIL SUJET, JE NE LUI LAISSERAIS PAS LONGTEMPS LA TÊTE SUR LES ÉPAULES.
21.

TCHAC
C'ÉTAIT LE DERNIER TIR ! ET SI JE NE M'ABUSE...
... C'EST MOI QUI AI GAGNÉ CETTE DERNIÈRE JOUTE !
SA MAJESTÉ LE ROI D'ANGLETERRE EST EN EFFET VAINQUEUR !
ALLONS BOIRE QUELQUES COUPES DE VIN DANS MA TENTE POUR FÊTER CELA !
J'AI L'IMPRESSION QUE L'ALLIANCE ENTRE NOS DEUX ROYAUMES EST À PORTÉE DE MAIN : CES DEUX-LÀ ONT L'AIR DE S'ENTENDRE COMME LARRONS EN FOIRE !
IL FAUT L'ESPÉRER, MON CHER BAYARD...
MAIS PERSONNE N'EST DUPE. HENRI VIII EST AUSSI TRÈS PROCHE DE CHARLES QUINT, NOTRE ENNEMI...
DIFFICILE DE DIRE QUELLE ALLIANCE IL PRIVILÉGIERA AU FINAL !
22

ALLONS ! IL FAUT CONTINUER À PRENDRE DU PLAISIR ET JE CROIS AVOIR TROUVÉ UNE ACTIVITÉ INÉDITE POUR DEUX SOUVERAINS DE NOTRE RANG !
QU'EST-CE QUE...?!
MON FRÈRE, JE VEUX LUTTER AVEC VOUS !
?!!
EH BIEN SI TEL EST VOTRE SOUHAIT, ET VU QUE TANT DE DAMES NOUS REGARDENT À L'INSTANT...
... QU'IL EN SOIT AINSI !
AAAAH ?!
QU'EST-CE QUI A BIEN PU PASSER PAR LA TÊTE D'HENRI VIII POUR VOULOIR AINSI AFFRONTER NOTRE ROI ?!
ET QU'EST-CE QUI A PRIS NOTRE SOUVERAIN D'ACCEPTER UNE TELLE PROPOSITION ?
PROVOQUER LE RIRE DE QUELQUES JOLIES DAMES ?
VOILÀ QUI POURRAIT AU FINAL LUI COÛTER UNE ALLIANCE DE TOUTE PREMIÈRE IMPORTANCE !
23

QUELLE PLAISANTERIE !
CE FOURBE D'HENRI AVAIT DÉJÀ PRIS LA DÉCISION DE S'ALLIER À CHARLES QUINT BIEN AVANT SON ARRIVÉE AU CAMP DU DRAP D'OR ! TOUT ÉTAIT DÉJÀ JOUÉ !
JE NE REGRETTE CERTAINEMENT PAS DE LUI AVOIR INFLIGÉ LA CORRECTION QU'IL M'AVAIT, APRÈS TOUT, LUI-MÊME DEMANDÉ DE RECEVOIR !
AUCUN REGRET.
SUR CE POINT AU MOINS, TU SEMBLES ÊTRE DIFFÉRENT DE TA GÉNITRICE.
QU'EST-CE QUE TU VEUX DIRE ?!
ALLONS.
CE N'EST UN SECRET POUR PERSONNE.
LA RAISON POUR LAQUELLE TA MÈRE, LOUISE DE SAVOIE, N'A EU DE CESSE DE S'EN PRENDRE À MOI CES DERNIÈRES ANNÉES...
... TE CONVAINQUANT D'ENGAGER UN PROCÈS ME SPOLIANT DE MES BIENS, DE NUIRE À MON HONNEUR, DE VOULOIR MA DISPARITION...
C'EST QU'ELLE M'AURAIT VOULU DANS SA COUCHE ET QUE JE N'AI JAMAIS DAIGNÉ LUI MONTRER UN QUELCONQUE INTÉRÊT !
N'EST-CE PAS LÀ LA PLUS VILE EXPRESSION DU REGRET ?!
24

SAINT-GERMAIN-EN-LAYE. HIVER 1521.
IL FAUT AGIR, MON FILS.
SA DÉFUNTE ÉPOUSE A BEAU AVOIR RÉDIGÉ UN TESTAMENT LUI LÉGUANT TOUS SES BIENS...
... TON CONNÉTABLE NE PEUT À AUCUN TITRE POSSÉDER CE QUI NOUS REVIENT DE DROIT !
SUZANNE DE BOURBON NE LUI A LAISSÉ AUCUNE DESCENDANCE, CE QUI FAIT DE MOI SA PARENTE LA PLUS PROCHE.
QU'IL PUISSE AINSI CONTESTER LE DROIT FÉODAL MONTRE BIEN QUELLE EST SA VÉRITABLE NATURE !
UN INTRIGANT ÉPRIS DE POUVOIR QUI N'HÉSITERA PAS À SE METTRE SUR TON CHEMIN POUR OBTENIR CE QU'IL VEUT !
MÈRE, QUE ME DEMANDEZ-VOUS DE FAIRE AU JUSTE ?
M'ATTAQUER À CELUI QUI EST LE MEILLEUR DE MES STRATÈGES ?
L'UN DE MES MEILLEURS COMBATTANTS ET QUI N'A JAMAIS REGARDÉ À LA DÉPENSE POUR FINANCER MES CAMPAGNES ?
OUI. IL EST PUISSANT. RICHE. ET DOUÉ.
C'EST BIEN CE QUI LE REND DANGEREUX ! ET ÇA NE L'EXONÈRE PAS DE ME RESTITUER CES RICHESSES ET CES TERRES, QU'IL A OBTENUES EN ÉPOUSANT SUZANNE DE BOURBON !
UN PROCÈS.
VOILÀ CE QUE TU VAS M'AIDER À METTRE SUR PIED.
25.

ET POUR DÉFENDRE NOS INTÉRÊTS, METTONS À NOTRE SERVICE DEUX DES PLUS BRILLANTS AVOCATS QUI SOIENT...
PIERRE LIZET ET GUILLAUME POYET !
POUR JUGER DE CETTE AFFAIRE, MESSIEURS DU PARLEMENT DE PARIS...
... IL CONVIENT D'ÉCLAIRCIR NOS ESPRITS SUR UN POINT !
APRÈS LE DÉCÈS DE SES PARENTS, CHARLES DE MONTPENSIER, FUTUR CONNÉTABLE DE FRANCE, FUT PRIS EN CHARGE PAR PIERRE ET ANNE DE BEAUJEU, DUC ET DUCHESSE DE BOURBON.
ET C'EST ANNE DE BEAUJEU QUI DÉCIDA DE MARIER SA FILLE SUZANNE DE BEAUJEU À SON NOUVEAU PROTÉGÉ, DE SORTE QUE CELUI-CI DEVIENNE LE CHEF DE LA MAISON DE BOURBON.
MAIS TOUS CES ARRANGEMENTS N'ONT PAS FORCE DE LOI.
LA GÉNÉALOGIE, QUI ICI DOIT ÊTRE LA LIGNE QUI NOUS GUIDE VERS LA JUSTICE, FAIT PEU DE CAS DE CEUX-CI, ET ELLE PARLE D'UNE SEULE VOIX...
LOUISE DE SAVOIE.
QUI PEUT ICI PRÉTENDRE À HÉRITER DES BIENS DE FEU SUZANNE DE BEAUJEU...
... À PART LA MÈRE DE NOTRE BIEN-AIMÉ ROI FRANÇOIS IER ?
26

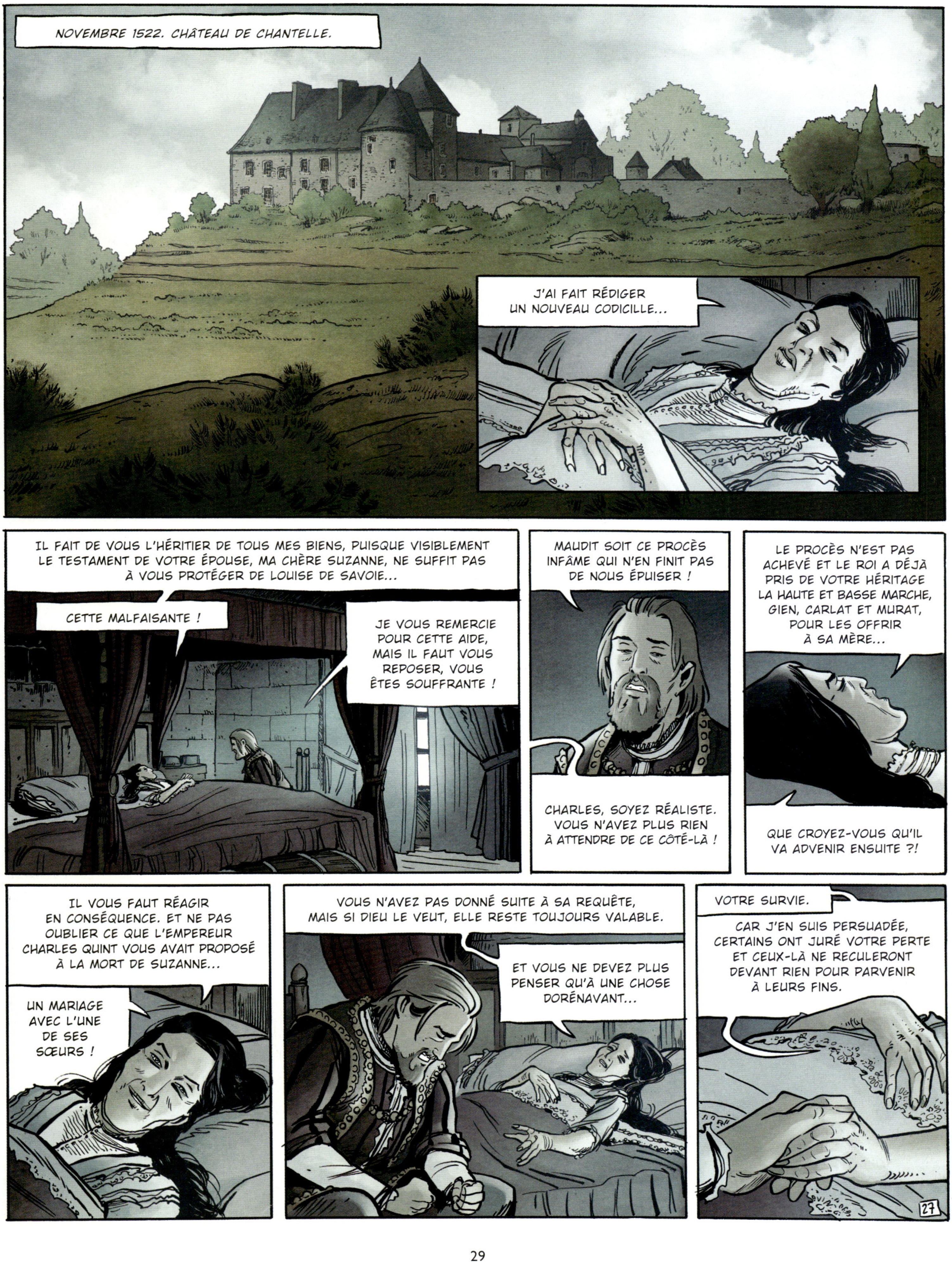
NOVEMBRE 1522. CHÂTEAU DE CHANTELLE.
J'AI FAIT RÉDIGER UN NOUVEAU CODICILLE...
IL FAIT DE VOUS L'HÉRITIER DE TOUS MES BIENS, PUISQUE VISIBLEMENT LE TESTAMENT DE VOTRE ÉPOUSE, MA CHÈRE SUZANNE, NE SUFFIT PAS À VOUS PROTÉGER DE LOUISE DE SAVOIE...
CETTE MALFAISANTE !
JE VOUS REMERCIE POUR CETTE AIDE, MAIS IL FAUT VOUS REPOSER, VOUS ÊTES SOUFFRANTE !
MAUDIT SOIT CE PROCÈS INFÂME QUI N'EN FINIT PAS DE NOUS ÉPUISER !
CHARLES, SOYEZ RÉALISTE. VOUS N'AVEZ PLUS RIEN À ATTENDRE DE CE CÔTÉ-LÀ !
LE PROCÈS N'EST PAS ACHEVÉ ET LE ROI A DÉJÀ PRIS DE VOTRE HÉRITAGE LA HAUTE ET BASSE MARCHE, GIEN, CARLAT ET MURAT, POUR LES OFFRIR À SA MÈRE...
QUE CROYEZ-VOUS QU'IL VA ADVENIR ENSUITE ?!
IL VOUS FAUT RÉAGIR EN CONSÉQUENCE. ET NE PAS OUBLIER CE QUE L'EMPEREUR CHARLES QUINT VOUS AVAIT PROPOSÉ À LA MORT DE SUZANNE...
UN MARIAGE AVEC L'UNE DE SES SŒURS !
VOUS N'AVEZ PAS DONNÉ SUITE À SA REQUÊTE, MAIS SI DIEU LE VEUT, ELLE RESTE TOUJOURS VALABLE.
ET VOUS NE DEVEZ PLUS PENSER QU'À UNE CHOSE DORÉNAVANT...
VOTRE SURVIE.
CAR J'EN SUIS PERSUADÉE, CERTAINS ONT JURÉ VOTRE PERTE ET CEUX-LÀ NE RECULERONT DEVANT RIEN POUR PARVENIR À LEURS FINS.
27

ALORS DIS-MOI, CHARLES...
EN VÉRITÉ...
... QUAND AS-TU PRIS LA DÉCISION DE ME TRAHIR ?
ET TOI MON FRÈRE, DIS-MOI, EN VÉRITÉ...
... QUAND AS-TU PRIS LA DÉCISION DE ME TRAHIR ?
28

CHÂTEAU DE MONTBRISSON. 18 JUILLET 1523.
EN RECONNAISSANT L'EMPEREUR CHARLES QUINT COMME VOTRE NOUVEAU SUZERAIN LIGE, CELUI-CI VOUS DONNERA POUR ÉPOUSE L'UNE DE SES PROCHES, SŒUR OU FILLE, À QUI VOUS VERSEREZ UN DOUAIRE.
VOUS VOUS ENGAGEZ DE FAIT À ENTRER EN GUERRE CONTRE FRANÇOIS Ier, AUX CÔTÉS DE L'EMPEREUR MAIS AUSSI DE SON ALLIÉ...
HENRI VIII ROI D'ANGLETERRE, DONT VOUS REJOINDREZ LES FORCES AVEC VOS PROPRES TROUPES EN PASSANT PAR LA FRANCHE-COMTÉ...
HENRI VIII, QUI PAR LE PRÉSENT TRAITÉ, SERA RECONNU PAR VOUS COMME LE DÉTENTEUR LÉGITIME DE LA COURONNE DE FRANCE ET...
?!!
NOUS AVONS DÉJÀ DISCUTÉ DE CELA, BEAURIN ! J'ACCEPTE DE SERVIR L'EMPEREUR ET D'ÊTRE LE LOYAL ALLIÉ DU ROI D'ANGLETERRE...
... MAIS EN AUCUN CAS JE NE RECONNAIS SA LÉGITIMITÉ SUR LE TRÔNE DE FRANCE.
SOIT. PUISQU'IL NOUS FAUT BIEN AVANCER, JE N'INSISTE PLUS SUR CE POINT.
NOUS ALLONS JURER LE RESPECT DE CE PACTE SUR LES ÉVANGILES, ET JE M'EN RETOURNERAI EN ESPAGNE POUR EN INFORMER L'EMPEREUR.
TRÈS BIEN. UN DE MES FIDÈLES, SAINT-BONNET D'ESCARS, VOUS ESCORTERA POUR QUE VOUS PUISSIEZ REJOINDRE GÊNE ET GAGNER ENSUITE BARCELONE.
À PARTIR DE LÀ, NOUS POURRONS COORDONNER L'OFFENSIVE CONTRE CELUI QUI EST DÉSORMAIS NOTRE ENNEMI COMMUN.
29.

SAINT-VALLIER, MON COUSIN, JE VOIS BIEN LE REGARD QUE VOUS PORTEZ SUR MOI, MAIS QUEL CHOIX M'ONT-ILS LAISSÉ ?!
JE VOUS JURE SUR LE FRAGMENT DE LA CROIX QUE JE GARDE DANS CE RELIQUAIRE QUE J'AI TOUT TENTÉ POUR RAISONNER LE ROI DE FRANCE ET SA HYÈNE DE MÈRE !
QUAND BIEN MÊME, TRÈS CHER CHARLES, C'EST DE LA FOLIE ! RENONCEZ, IL EST ENCORE TEMPS !
NON.
CELA FAIT MAINTENANT BIEN LONGTEMPS QUE TOUT EST JOUÉ.
C'EST PARCE QUE J'AI CONFIANCE EN VOUS QUE JE VOUS AI CHOISI COMME TÉMOIN POUR LA RÉDACTION DE CE PACTE.
VOUS DEVEZ ME PROMETTRE DE GARDER SECRET CE QUI VIENT D'ÊTRE DÉCIDÉ ICI.
VOUS AVEZ MA PAROLE...
VOUS AVEZ MA PAROLE.
30

HA HA HA HA !
EN VOILÀ UN QUI NE MANQUE PAS DE CULOT DE ME PARLER DE TRAHISON !
PEUT-ÊTRE DEVRAIT-ON EN DISCUTER AVEC TON AMI SAINT-VALLIER, QUI CROUPIT MAINTENANT DANS UN CACHOT ?!
TU AURAS APPRIS QUE JE SUIS INTERVENU EN SA FAVEUR POUR QUE LUI SOIT ÉPARGNÉE LA PEINE DE MORT, PUNITION À LAQUELLE IL AVAIT ÉTÉ INITIALEMENT CONDAMNÉ POUR T'AVOIR SOUTENU DANS TES FORFAITS ?
TA BONTÉ N'A PAS DE LIMITE, C'EST BIEN CONNU DE TOUS.
ET DE QUEL DROIT TE MOQUES-TU ?
TOI QUI AS PRÉFÉRÉ SIMULER LA MALADIE POUR PRENDRE LA FUITE ET T'ALLIER AUX ENNEMIS DE NOTRE ROYAUME, ALORS QUE JE T'AVAIS ENVOYÉ LE SEIGNEUR DE WARTHY POUR TENTER UNE RÉCONCILIATION ?!
LE SEIGNEUR DE WARTHY ? UNE RÉCONCILIATION ?
VRAIMENT ?
COMMENT PEUX-TU OSER PRÉTENDRE UNE CHOSE PAREILLE EN ME REGARDANT DROIT DANS LES YEUX ?
31

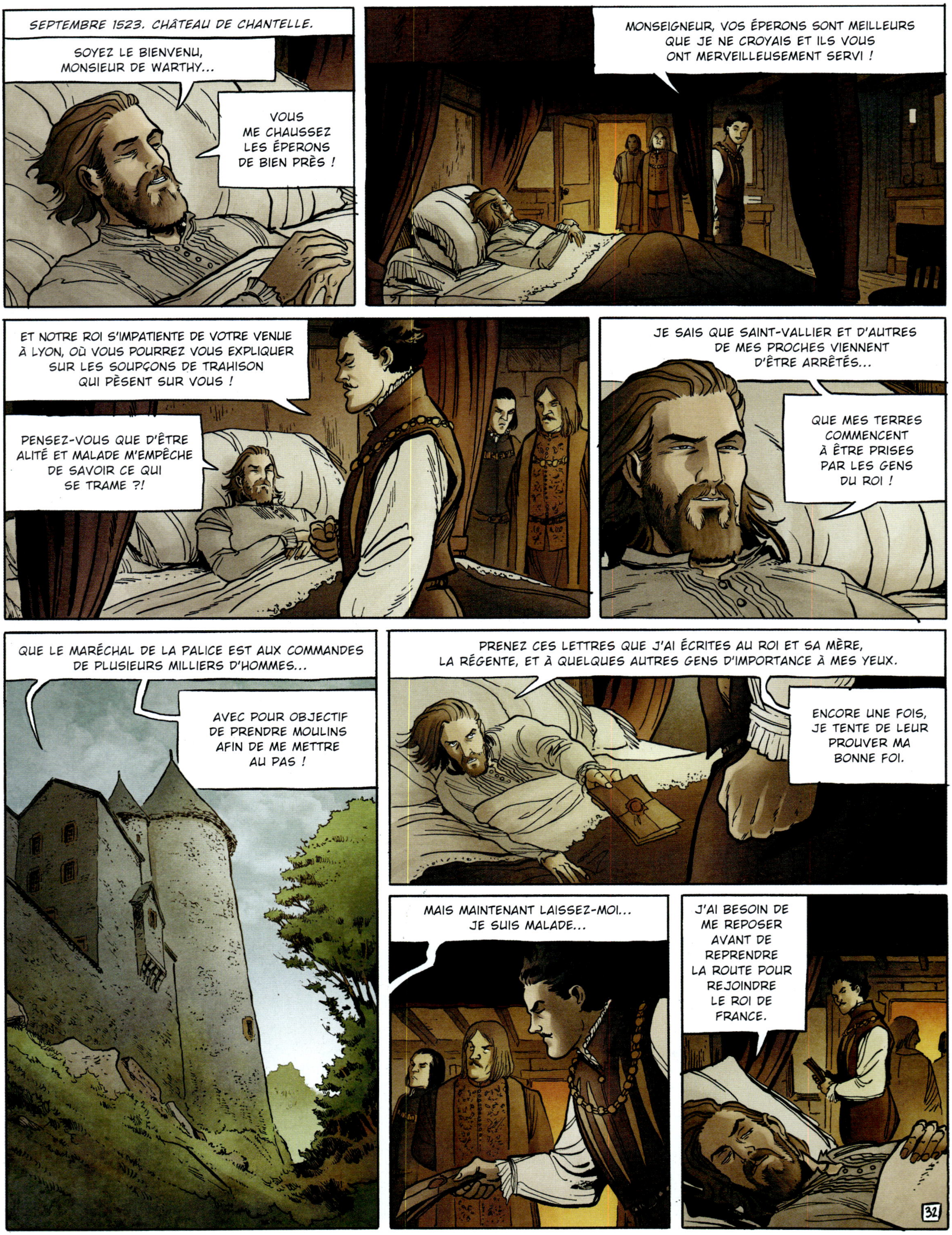
SEPTEMBRE 1523. CHÂTEAU DE CHANTELLE.
SOYEZ LE BIENVENU, MONSIEUR DE WARTHY...
VOUS ME CHAUSSEZ LES ÉPERONS DE BIEN PRÈS !
MONSEIGNEUR, VOS ÉPERONS SONT MEILLEURS QUE JE NE CROYAIS ET ILS VOUS ONT MERVEILLEUSEMENT SERVI !
ET NOTRE ROI S'IMPATIENTE DE VOTRE VENUE À LYON, OÙ VOUS POURREZ VOUS EXPLIQUER SUR LES SOUPÇONS DE TRAHISON QUI PÈSENT SUR VOUS !
PENSEZ-VOUS QUE D'ÊTRE ALITÉ ET MALADE M'EMPÊCHE DE SAVOIR CE QUI SE TRAME ?!
JE SAIS QUE SAINT-VALLIER ET D'AUTRES DE MES PROCHES VIENNENT D'ÊTRE ARRÊTÉS...
QUE MES TERRES COMMENCENT À ÊTRE PRISES PAR LES GENS DU ROI !
QUE LE MARÉCHAL DE LA PALICE EST AUX COMMANDES DE PLUSIEURS MILLIERS D'HOMMES...
AVEC POUR OBJECTIF DE PRENDRE MOULINS AFIN DE ME METTRE AU PAS !
PRENEZ CES LETTRES QUE J'AI ÉCRITES AU ROI ET SA MÈRE, LA RÉGENTE, ET À QUELQUES AUTRES GENS D'IMPORTANCE À MES YEUX.
ENCORE UNE FOIS, JE TENTE DE LEUR PROUVER MA BONNE FOI.
MAIS MAINTENANT LAISSEZ-MOI... JE SUIS MALADE...
J'AI BESOIN DE ME REPOSER AVANT DE REPRENDRE LA ROUTE POUR REJOINDRE LE ROI DE FRANCE.
32

UN FUGITIF.
VOILÀ CE QUI TU AVAIS DÉCIDÉ DE DEVENIR EN PRENANT LA FUITE AVEC LES QUELQUES HOMMES QUI TE RESTAIENT...
CES LÂCHES QUI RENIAIENT AINSI LEUR ROYAUME ET LEUR ROI !
ILS ÉTAIENT CINQ.
JOACHIM DE POMPÉRANT, COMPAGNON DE LONGUE DATE, QUE TU CONNAIS BIEN, GOUDINIÈRE, MON INTENDANT...
JEAN DE L'HOSPITAL, MON MÉDECIN, ET MES DEUX FIDÈLES VALETS DE CHAMBRE, GUINOT ET BARTHOLOMÉ.
JOACHIM SE FAISANT PASSER POUR LE SEIGNEUR DE NOTRE TROUPE, ET MOI, POUR UN SIMPLE MARCHAND.
ET NOUS AVONS RÉUSSI À TROMPER TOUS TES HOMMES, LANCÉS À NOTRE POURSUITE DANS LE ROYAUME...
ET POURTANT, DIEU M'EST TÉMOIN QUE NOUS SOMMES PASSÉS MAINTES FOIS À LEURS CÔTÉS...
MAIS JAMAIS TES SOLDATS NE NOUS ONT MIS LA MAIN DESSUS !
33.

LANGUEDOC. OCTOBRE 1523.
MESSIEURS...
NOUS NOUS SOMMES OCCUPÉS DE NOTRE PANSE.
IL EST TEMPS DE REPRENDRE LA ROUTE.
GUINOT, BARTHOLOMÉ... PRENEZ-EN SOIN.
CES DEUX SACS ET CETTE MALLE CONTIENNENT TOUT CE QUI ME RESTE DE FORTUNE.
MONSEIGNEUR ! REGARDEZ SUR LE MUR QUI NOUS FAIT FACE...
Voulons estre publié à son de trompe que, s'il y en a aucun qui nous livre et mette entre les mains la personne dudit Connestable, que nous luy donnerons la somme de 10 000 escus d'or soleils, et luy ferons d'autres biens et honneurs tant qu'il en sera mémoire perpétuelle du service qu'il aura faict à la couronne et chose publique de France.
LE ROI OFFRE RÉCOMPENSE À QUI VOUS LIVRERA À LUI !
ALLONS, QUOI DE PLUS NORMAL À CELA ? 10 000 ÉCUS D'OR POUR ME RETROUVER...
34.

C'EST BIEN CE QUE DOIT AU MOINS VALOIR L'ANCIEN CONNÉTABLE DE FRANCE !
?!!
QUELQUE CHOSE NE VA PAS, POMPÉRANT ?
MONSEIGNEUR ! GARDEZ BIEN LA TÊTE BAISSÉE !
DEVANT NOUS...
DES GASCONS QUI S'EN VONT REJOINDRE L'ARMÉE DU ROI !
DES LÂCHES, DIS-TU ?
POUR MOI, ILS SONT BEL ET BIEN DES HÉROS !
35

DES HÉROS ?
VRAIMENT ?
VOILÀ QUI EST ÉTRANGE À ENTENDRE.
EN TERMES D'HÉROÏSME...
... C'EST UN AUTRE NOM QUI ME VIENT À L'ESPRIT.
PIERRE DU TERRAIL...
SEIGNEUR DE BAYARD.

29 AVRIL 1524. PIÉMONT, ITALIE.
COMMENT AS-TU VÉCU CELA, CHARLES ?
DE VOIR AINSI CET HOMME...
CET ANCIEN COMPAGNON D'ARMES.
CET AÎNÉ QUI T'A SERVI DE MODÈLE DURANT TANT D'ANNÉES, QUI A TOUJOURS COMBATTU POUR NOTRE ROYAUME...
MORTELLEMENT BLESSÉ PAR TES NOUVEAUX ALLIÉS IMPÉRIAUX, D'UN COUP D'ESCOPETTE DANS LE DOS ?!
UN HOMME QUI ORDONNA AUX SIENS DE LE LAISSER ENTRE VOS MAINS, POUR ASSURER LEUR RETRAITE ?
COMMENT AS-TU VÉCU CETTE LÂCHETÉ, TOI QUI L'AS ENSUITE VU MOURIR SOUS TES YEUX ?
37

CHEVALIER, NOUS PRENDRONS SOIN DE VOUS AVEC TOUS LES HONNEURS QUI VOUS SONT DUS.
JE SUIS NAVRÉ DE VOUS VOIR DANS UNE TELLE CONDITION ET JE...
JE NE... JE NE VEUX PAS DE VOTRE PITIÉ.
JE... JE VAIS MOURIR... ET JE...
JE LE REGRETTE.
MAIS... C... C'EST POUR MOI UNE GRANDE CONSOLATION QUE DE MOURIR AU SERVICE DE MON ROI...
AU... AU POUVOIR...
... DE LA MEILLEURE NATION DU MONDE...
FAITES COMME JE VOUS L'AI ORDONNÉ, MESSIRE PESCARA !
VOS ORDRES SERONT SUIVIS À LA LETTRE. LE CORTÈGE MÈNERA LA DÉPOUILLE DU CHEVALIER LÀ OÙ SA PLACE RÉSIDE...
SUR LES TERRES DU ROYAUME DE FRANCE.
38

C'ÉTAIT UN PREUX.
ET DE TOUS LES TOURMENTS QUI ONT ÉTÉ LES MIENS CES DERNIÈRES ANNÉES...
LE PLUS TERRIBLE A ÉTÉ DE DEVOIR ASSISTER À L'AGONIE DU PLUS COURAGEUX DES CHEVALIERS DE FRANCE...
... CE PRÉCIEUX AÎNÉ...
... QUI JAMAIS N'A FAILLI DANS SON ATTACHEMENT AUX VALEURS VÉRITABLES !
PAS CELLES DE L'ATTACHEMENT AVEUGLE À UNE NATION OU À UN MAÎTRE, NON.
LA FOI, LA BRAVOURE, L'HONNEUR.
VOILÀ EN QUOI CET HOMME CROYAIT.
ET VOILÀ CE EN QUOI TU NE CROIS PLUS.
SINON...
COMMENT EXPLIQUER LE SERMENT QUE TU FIS À TURIN ?
39

MAI 1524. ITALIE. CAMP DE L'ARMÉE IMPÉRIALE.
SI SA MAJESTÉ HENRI VIII VEUT SANS DÉLAI RENTRER EN FRANCE...
... JE PERMETS À SA GRÂCE DE M'ARRACHER LES DEUX YEUX SI JE NE SUIS PAS MAÎTRE DE PARIS AVANT LA TOUSSAINT !
CROYEZ-MOI, MESSIRE PACE, PARIS PRIS, TOUT LE ROYAUME SERA EN MA PUISSANCE !
MON ROI NE DOUTE PAS DE VOS TALENTS DE STRATÈGE ET DE COMBATTANT...
LÀ N'EST PAS LA QUESTION ET VOUS LE SAVEZ TRÈS BIEN.
RECONNAISSEZ ENFIN HENRI VIII COMME LÉGITIME SOUVERAIN DU ROYAUME DE FRANCE.
ET IL SERA DÉFINITIVEMENT RASSURÉ SUR VOS INTENTIONS.
SOIT.

JE VOUS PROMETS SUR MA FOI DE METTRE AVEC L'AIDE DE MES AMIS...
... LA COURONNE SUR LA TÊTE DE NOTRE COMMUN MAÎTRE.
C'EST BIEN CE QUE TU AS FINI PAR PROMETTRE AU ROI D'ANGLETERRE, N'EST-CE PAS ?
ET QU'AVEZ VOUS DONC NÉGOCIÉ EN ÉCHANGE ? LA MAIN D'UNE DES SŒURS DE CHARLES QUINT ?
ON M'A AUSSI PARLÉ D'UN IMMENSE DOMAINE QUI TE REVIENDRAIT, DU POITOU À LA PROVENCE ! EST-CE VRAI ? EST-CE LÀ VOTRE DÉSIR SECRET ?
METTRE À TERRE LE ROYAUME CAPÉTIEN POUR FONDER À TON PROFIT UNE NOUVELLE LOTHARINGIE ?
LE JOUR SE LÈVE. IL EST TEMPS DE METTRE FIN À CETTE DISCUSSION.
JE VAIS FAIRE INFORMER CHARLES QUINT DE VOTRE CAPTURE...
C'EST À L'EMPEREUR DE DÉCIDER CE QU'IL VA ADVENIR DU ROI DE FRANCE.
41.

15 NOVEMBRE 1525. GÊNE.
PALAIS IMPÉRIAL DE CHARLES QUINT.
MESSIRE BOURBON, RESTEZ DONC EN SELLE !
VOTRE MAJESTÉ...
ALLONS...
LAISSEZ-MOI VOUS EMBRASSER.
APRÈS TOUS CES SERVICES RENDUS...
C'EST LE MOINS QUE JE PUISSE FAIRE !
42

LA VICTOIRE DE PAVIE, LA CAPTURE DU ROI DE FRANCE...
CES EXPLOITS FONT DE VOUS L'HOMME LE PLUS REMARQUABLE AU MONDE !
LA VICTOIRE DE VOTRE MAJESTÉ EST LA SEULE CHOSE QUI M'IMPORTE.
J'AI L'INTENTION DE VOUS DONNER LE DUCHÉ DE MILAN, APRÈS M'ÊTRE DÉBARRASSÉ UNE BONNE FOIS POUR TOUTES DE LA FAMILLE DES SFORZA, VOUS SAVEZ CELA...
MAIS EN REVANCHE, J'AI UNE AUTRE ANNONCE À VOUS FAIRE.
JE VOUS ÉCOUTE, MAJESTÉ ?
VOUS TENIEZ À ÉPOUSER MA SŒUR ÉLÉONORE, ET À UNE ÉPOQUE, L'IDÉE M'ÉTAIT PLAISANTE MAIS...
... LES ENJEUX POLITIQUES OCCASIONNENT PARFOIS DES CHANGEMENTS BRUSQUES, JE NE VOUS APPRENDRAI RIEN EN DISANT CELA.
C'EST AU ROI DE FRANCE QUE JE VAIS ACCORDER SA MAIN.
N'AYEZ CRAINTE, VOUS SEREZ DÉSORMAIS SEUL CHEF DE L'ARMÉE IMPÉRIALE !
ET TOUT CE QUE VOUS ATTENDEZ DE FRANÇOIS Ier, LA RESTITUTION DE VOS TERRES, LA MISE EN LIBERTÉ DE VOS SOUTIENS ARRÊTÉS APRÈS VOTRE DÉPART...
... VOUS L'OBTIENDREZ, ET BIEN PLUS ENCORE.
FAITES-MOI CONFIANCE.
43

15 MARS 1527. AUX ENVIRONS DE BOLOGNE. ITALIE.
QUI PEUT SE PRÉTENDRE CHEF DES ARMÉES ET NE PAS PAYER SES SOLDATS ?!!!
LÂCHEZ CET HOMME, IL EST L'UN DE MES PROCHES ! ET L'EMPEREUR VA BIENTÔT NOUS DONNER DE QUOI VOUS PAYER, J'EN SUIS CERTAIN ! IL SAIT COMBIEN LES LANSQUENETS SONT DE VAILLANTS SOLDATS ET IL NE...
FOUTAISES !
CELA FAIT DES SEMAINES QUE VOUS NOUS PROMETTEZ NOTRE ARGENT ET JAMAIS RIEN N'ARRIVE !!!
DE L'ARGENT !!! DE L'ARGENT !!!
DE L'ARGENT !
CAPITAINE FRUNDSBERG !
VOS HOMMES SONT APRÈS MOI !!!
JE VOUS SUPPLIE DE LES RAISONNER ET DE... ?
CAPITAINE FRUNDSBERG ?
44.

ALLONS, VOUS ÊTES POUR MOI COMME MES ENFANTS, COMMENT POUVEZ-VOUS CROIRE QUE JE VEUILLE VOUS LÉSER ?
L'ARGENT VA ARRIVER, D'UN JOUR À L'AUTRE, C'EST CERTAIN !
L'EMPEREUR A TROP BESOIN DE NOUS POUR QU'IL EN SOIT AUTREMENT ET... ?!
FRUNDSBERG ?
CAPITAINE ?!!!
IL FAUT LE PORTER DANS SA TENTE !
C'EST NOTRE CHEF, NOUS NOUS EN CHARGEONS !
SOLDATS ! VAILLANTS COMPAGNONS ! VOYEZ CE QUE LA DISCORDE PROVOQUE ! LE MALAISE DU MEILLEUR D'ENTRE NOUS !
JE SAIS QUE GEORG FRUNDSBERG EST UN PÈRE POUR VOUS, ET IL EST DEVENU MON PLUS PRÉCIEUX CONSEILLER AUSSI !
MAIS EN ATTENDANT QU'IL SOIT REMIS SUR PIED, VOILÀ CE QUE VOUS DEVEZ AVOIR À L'ESPRIT : NOUS ALLONS PRENDRE ROME, FAIRE TOMBER L'INDIGNE PAPE CLÉMENT, ET VOUS VOUS SERVIREZ À VOLONTÉ DANS CETTE CITÉ QUI SERA NÔTRE !
JE SAIS QUE L'EMPEREUR CHARLES QUINT COMPTE SUR NOUS POUR LUI DONNER CETTE VICTOIRE, ET CROYEZ-MOI, JE N'AI AUCUN DOUTE SUR UN POINT...
BIENTÔT L'UN DE SES ENVOYÉS VA NOUS REJOINDRE ET NOUS ANNONCER LA BONNE NOUVELLE...
LE PAIEMENT DE TOUTES LES SOLDES QUE VOUS ATTENDEZ !

QU'EN EST-IL DE GEORG FRUNDSBERG ?
J'AI APPRIS QU'IL AVAIT ÉTÉ RAMENÉ EN ALLEMAGNE, POUR REPRENDRE DES FORCES, C'EST BIEN ÇA ?
IL S'Y REPOSE, OUI, MAIS MALHEUREUSEMENT...
... IL SEMBLE QUE LE PAUVRE Y SOIT À L'AGONIE.
MAIS QU'EN EST-IL DE NOS AFFAIRES, MESSIRE FERRASCOMA ? QUELLES NOUVELLES M'APPORTEZ-VOUS DE L'EMPEREUR ?
LE PAPE CLÉMENT VII A SIGNÉ UN ACCORD DE PAIX AVEC SA MAJESTÉ IMPÉRIALE.
LA GUERRE EST FINIE, MESSIRE CHARLES.
TIENS DONC ? ET QU'EN EST-IL DE LA SOLDE DE MES HOMMES ?
L'EMPEREUR VOUS PROPOSE 50 000 DUCATS...
C'EST UNE PLAISANTERIE ?
VOUS VOULEZ QUE JE LICENCIE LES SOLDATS DE MON ARMÉE SANS MÊME LEUR DONNER CE QUI LEUR REVIENT DE DROIT ?!
JE LEUR AI PROMIS ROME ET VOUS LEUR PROPOSEZ DE RENTRER CHEZ EUX PLUS PAUVRES QU'ILS NE SONT ARRIVÉS EN ITALIE ?!
JE VAIS RÉUNIR MES CAPITAINES ET NOUS VERRONS BIEN ENSEMBLE CE QU'ILS EN DISENT !
46

NOUS PRENDRONS ROME.
NOUS NE LAISSERONS PAS NOS HOMMES DANS LA MISÈRE APRÈS TOUT CE QU'ILS ONT ACCOMPLI POUR L'EMPIRE !
MESSIRE FERDINAND DE GONZAGUE A PARLÉ AU NOM DE TOUS, JE PENSE.
ET JE CROIS SAVOIR QU'IL A MÊME EU LA DILIGENCE DE VOUS FAIRE PRÉPARER UNE MONTURE POUR VOTRE DÉPART...
SI J'ÉTAIS VOUS, MESSIRE FERRASCOMA...
... JE ME DÉPÊCHERAIS D'EN PROFITER.
NOS SOLDATS ONT SEMBLE-T-IL EU VENT DE LA TRAHISON DONT ILS SONT VICTIMES...
ET JE DOUTE QUE TOMBER ENTRE LEURS MAINS SOIT QUELQUE CHOSE QUE VOUS PUISSIEZ APPRÉCIER !
47

6 MAI 1527. ROME.
NOUS Y SOMMES !
AUJOURD'HUI, SE JOUENT NOTRE HONNEUR ET NOTRE VIE !
48

À VOUS TOUS MES CAPITAINES, MES SOLDATS...
... QUE VOUS SOYEZ DE FRANCE...
... D'ESPAGNE...
... OU LANSQUENETS !
TOUTES VOS SOUFFRANCES VONT ENFIN ÊTRE RÉCOMPENSÉES !
NOUS ALLONS PRENDRE ROME ! ET D'AUTRES VILLES ! ET LEURS CHÂTEAUX ! ET LEURS SEIGNEURIES ! ESPÉRANCE !
ESPÉRANCE ! ESPÉRANCE !
49.

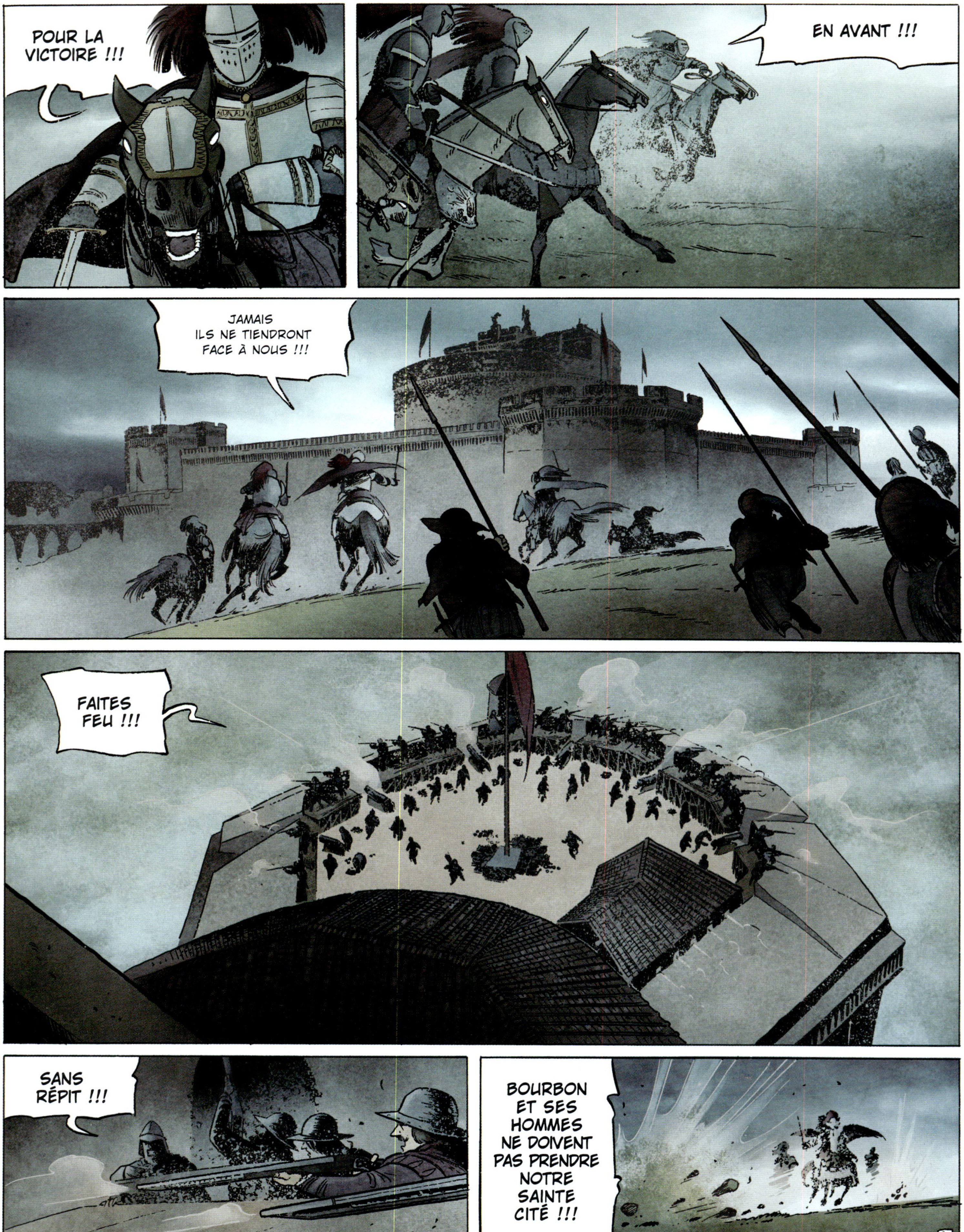
POUR LA VICTOIRE !!!
EN AVANT !!!
JAMAIS ILS NE TIENDRONT FACE À NOUS !!!
FAITES FEU !!!
SANS RÉPIT !!!
BOURBON ET SES HOMMES NE DOIVENT PAS PRENDRE NOTRE SAINTE CITÉ !!!
50

ILS S'APPROCHENT DU CHÂTEAU SAINT-ANGE !!!
IL FAUT LES ARRÊTER !!!
TIREZ ! TIREZ !
METTEZ CETTE ÉCHELLE EN PLACE !
POUSSEZ-VOUS !
LAISSEZ-MOI VOUS OUVRIR LE CHEMIN, COMPAGNONS !
51

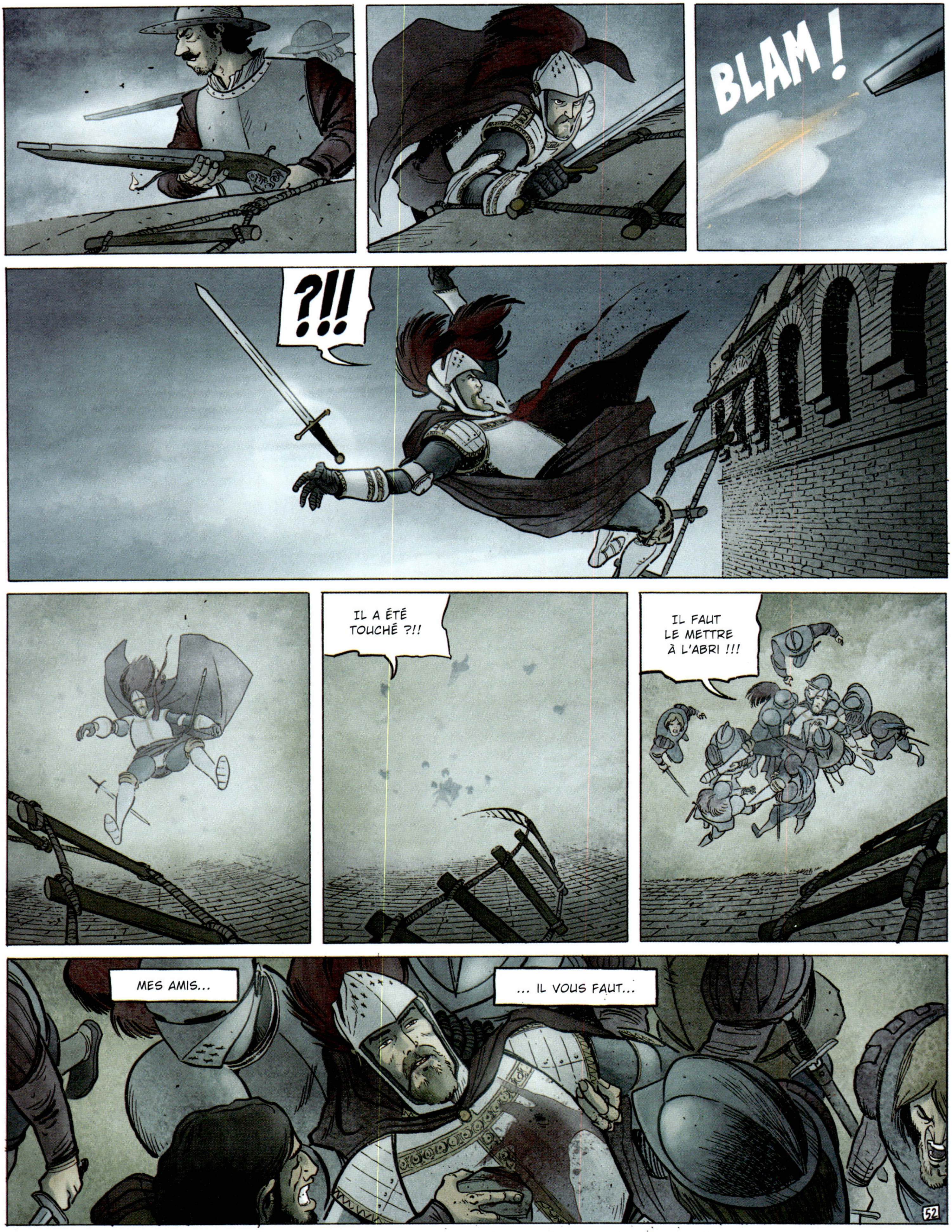
BLAM !
?!!
IL A ÉTÉ TOUCHÉ ?!!
IL FAUT LE METTRE À L'ABRI !!!
MES AMIS...
... IL VOUS FAUT...
52

IL VOUS FAUT CONTINUER L'ASSAUT.
VENGEZ-MOI, VOUS LE POUVEZ.
VENGEZ-NOUS...
... DE CEUX QUI NOUS ONT TRAHIS.
SERVEZ-VOUS, PRENEZ LEURS RICHESSES.
QUANT À MOI...
... MOURIR EST BIEN LE CADET DE MES SOUCIS...

... SI EN MOURANT...
... MON CORPS DEMEURE AVEC UNE GLOIRE PERPÉTUELLE...
... ET RENOMMÉ PAR TOUT LE MONDE.

ANGLIAE PARS
MARE BRITANNICVM
OCEANVS
OCCI DENTALIS
SPANIAE
PARS.
Arragon.
Basse Bretaigne
Les landes de Bretaigne
Haute Bretaigne
Constātin
Bessin
Auge
Normandie
Caux
Picardie
Boulonnois
Ponthieu
Le perche
Le maine
Anjou
Touraine
La beausse
Gastinois
France
Nantes
Salloigne
Niuernois
Poictou
Berry
Bourbonnois
Limosin
Forest
Xanctoigne
Auuergne
Perigort
Albret
Quercy
Guienne
Armaignac
Vellay
Geuoudan
Languedoc
Bilcaye
Gascoigne
Bigorre
Comminges
Bearn
Pirenei montes
Montaigne du Sault
Rouen
Paris
Orleans
Angers
Poictiers
La Rochelle
Bordeaux
Tours
Narbonne
Perpignan
Carcassonne
Cahors